Marguerite Burnat-Provins

PAR

HENRI MALO

BIOGRAPHIE CRITIQUE

ILLUSTRÉE D'UN PORTRAIT-FRONTISPICE

ET D'UN AUTOGRAPHE

SUIVIE D'OPINIONS ET D'UNE BIBLIOGRAPHIE

PARIS

EDITIONS E. SANSOT

7, rue de l'Éperon, 7

MCMXX

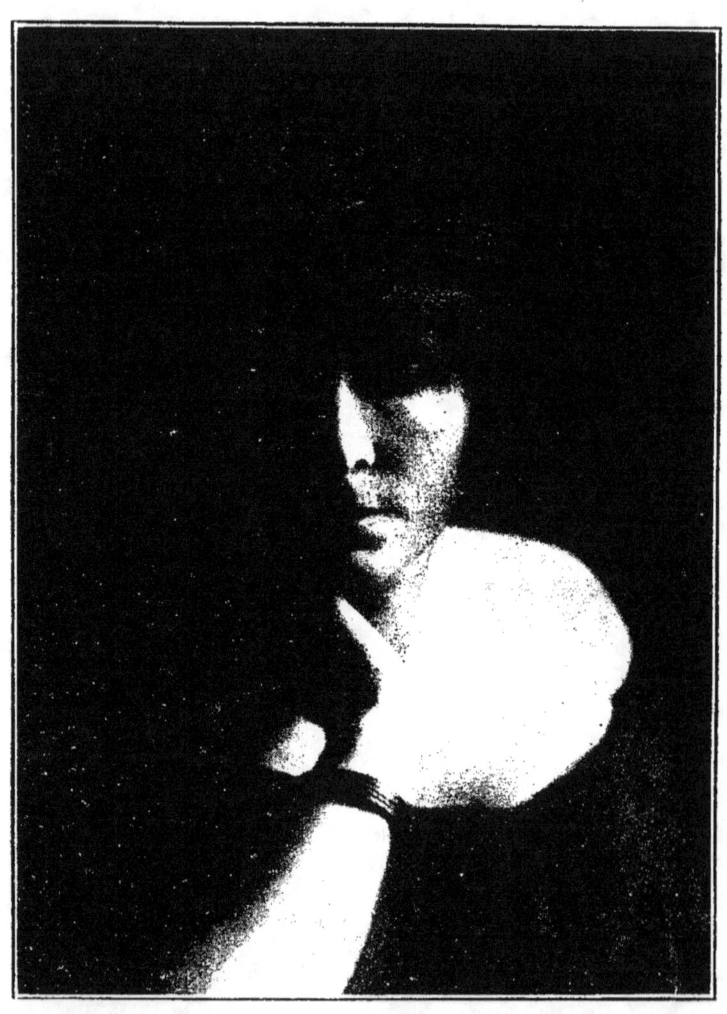

PORTRAIT DE MARGUERITE BURNAT-PROVINS

Marguerite Burnat-Provins

PAR

HENRI MALO

BIOGRAPHIE CRITIQUE

ILLUSTRÉE D'UN PORTRAIT-FRONTISPICE

ET D'UN AUTOGRAPHE

SUIVIE D'OPINIONS ET D'UNE BIBLIOGRAPHIE

PARIS

ÉDITIONS E. SANSOT

7, rue de l'Éperon, 7

MCMXX

MARGUERITE BURNAT-PROVINS

Dans un de ces milieux passionnément intéressants, mais extrêmement fermés, comme on n'en rencontre guère qu'à Paris, je vis un jour apparaître une toque de loutre et deux diamants noirs que par la suite Benjamin Constans illustra, avant qu'ils ne devinssent célèbres de par la vertu propre de leur propriétaire. On ne pouvait pas ne pas être frappé par tout ce qu'il y avait d'artiste et d'intelligent dans cette figure, d'harmonieux dans les gestes et dans le port du personnage. Je demandai :

— Qui est-ce ?

On me répondit :

— Mlle Marguerite Provins.

— Mais encore ?

— Fille d'un avocat d'Arras.

Quelques années plus tard, un ami me demanda de jeter les yeux sur quelque chose qu'avait écrit quelqu'un qu'il connaissait... Quiconque a peu ou prou tenu le sceptre, comme disent les pontifes, de la critique littéraire, connaît le sentiment que l'on éprouve à voir monter sur son bureau la pile des livres dont il faudra rendre compte ; la plupart sont signés de noms peu illustres, et l'on fut tant de fois déçu que l'on éprouve à les couper une appréhension justifiée ; ceux qui sont signés de noms connus inspirent la même inquiétude, car combien de commerçants établissent la réputation d'une marque, dont ils profitent par la suite pour écouler une marchandise frelatée! Dans les deux cas, les déceptions sont aussi nombreuses que cruelles. Tant de gens ont la passion d'écrire! Comme le disait un bouquiniste de mes amis, en me montrant une boîte pleine de volumes de vers qu'il ne parvenait pas à liquider :

— Peuh! Ces gens-là, ça publie des vers... et ça n'est seulement pas célèbre !

Aussi, lorsqu'un ami vous soumet une proposition dans le genre de celle dont j'étais l'objet, ce n'est plus de l'appréhension, c'est une véritable angoisse qui vous étreint.

J'avoue que je ne suis pas de ceux qui font la critique d'un livre après en avoir simplement considéré la couverture. Je suis curieux de ma nature, et j'ai toujours, en ouvrant un livre, l'espoir d'y découvrir une idée belle, ou même simplement un aperçu intéressant qui m'apprenne quelque chose. Apprendre, et par suite comprendre, sont la suprême jouissance ici-bas, la seule qui ne déçoive pas ; et j'ai toujours présent à l'esprit la devise qu'inscrivit sur son *ex-libris* mon vieux maître Anatole de Montaiglon, qui restitua de nos jours le type du grand érudit du XVIe siècle, à la fois savant, lettré et artiste, devise ainsi conçue : « De jour en jour, en apprenant, mourant. »

Je me mis donc à lire les œuvres en question... en commençant par le commencement, et, dès la première page, je fus séduit. Il y avait de la couleur, de la spontanéité, une observation amusée, un style naturel. J'entrai en correspondance avec Marguerite Burnat-Provins. Ce fut l'origine d'une sympathie littéraire, et d'une amitié tout court, que le temps n'a fait que renforcer.

Et puis, après les *Tableaux Valaisans*, après les *Chansons rustiques*, après *Sous les noyers*, et le *Chant de Verdier*, et les *Heures d'automne*, je reçus un jour le *Livre pour toi*. Et je fis comme La Fontaine après la lecture de Barruch : je parcourus le monde en demandant à tout venant :

— Avez-vous lu le *Livre pour toi ?*

Beaucoup me répondaient non, et me regardaient de côté... pour ne pas dire de travers, lorsque j'insistais. L'ouvrage suscitait des polé-

miques. Il y avait une petite bataille à gagner.
Or, M. Georges Clemenceau l'a dit fort juste-
ment :

— Pour gagner une bataille, il faut d'abord
la livrer.

Celle-ci le fut : livrée d'abord, gagnée ensuite.
Le succès vint à l'auteur. On connaît aujour-
d'hui ce talent si vivant, si coloré, si personnel.

Avant toutes choses, Mme Marguerite Burnat-
Provins est poète. Elle observe d'un œil souvent
aigu ; elle manie légèrement une ironie qui est
une forme de la bonne humeur ; elle s'aban-
donne à la fantaisie. Mais le maître de sa plume,
c'est le démon poétique qui lui dicte les mots
qu'elle transcrit. Un dédoublement de son âme
se produit. Elle écrit d'instinct, intuitivement,
véritablement inspirée. C'est pourquoi son talent semble si naturel et coule de source. Elle
est peintre, elle a puissamment le don des images ; le don des images, c'est l'imagination.
« L'imagination gouverne le monde », a dit Napoléon, à qui cette faculté ne manquait certes
pas ; et nous pouvons l'en croire ; Goethe a bien
dit de lui : « Le plus grand poète des temps moder-
nes... Napoléon. » Les images évoquent les
idées. Images, mots et idées dansent, s'appel-
lent l'un l'autre, s'accrochent et se quittent suivant des associations ou des dissociations inat-
tendues, se heurtent en des contrastes étranges,

mais toujours harmonieusement. En certains fragments, on peut suivre ce travail obscur de la pensée, on peut le disséquer comme on analyserait un rêve : ce n'est pas une manière de travailler, c'est une manière d'être. Le tempérament du poète le veut ainsi : Lisez ce court poème, le *Four* :

> Quand le Four est éteint
> Il a la bouche noire,
> Il est froid comme la tombe,
> Et sombre
> Comme la mort.
>
> Mais quand on fait le pain,
> Il a la bouche rouge,
> Il est tout chaud, comme le sang,
> Et clair
> Comme l'enfer.
>
> Et quand nous irons dormir
> Au fond de la fosse,
> Noire comme le four éteint,
> Pourrons-nous pas nous réveiller
> Dedans le brasier
> Où le diable nous fait griller
> Comme du pain ?

L'ossature de ce petit poème est parfaitement logique ; il est construit ; mais la logique est dans la succession des images : c'est elle qui a amené la succession des idées.

« Dans mes quotidiennes promenades, dit Mme Burnat-Provins, j'ai écrit ces chansons comme elles me sont venues, à la façon du rhabilleur et du cloutier. » Elle ne recherche pas la forme classique des vers ni des poèmes à forme fixe, bien que feu Emile Faguet ait pu découper dans le *Livre pour toi* un sonnet parfaitement constitué.

Il est remarquable que cette simplicité, cette spontanéité n'aient jamais été entamées par une culture étendue. Marguerite Burnat-Provins a beaucoup lu, et cela dès sa jeunesse.

Toute enfant, à l'école, elle lisait et savait plus que ses petites camarades. Les jours de « composition », elle rédigeait non seulement la sienne, mais encore celles de plusieurs de ses amies. Et elle était douée déjà de suffisamment de psychologie pour adapter son style au tempérament et au caractère de chacune de celles dont elle usurpait la personnalité, au point que la maîtresse ne s'aperçut jamais du subterfuge.

Pour lire, et déjà pour méditer, elle s'isolait dans la cave de la maison paternelle. Ces caves de province donnent souvent sur la rue par des ouvertures que l'on appelle dans la langue du pays des « éclairs » de cave. L'enfant s'amusait à deviner, d'après le pas ou les bottines, l'identité des passants.

Plus tard, devenue grande, elle dévora la bibliothèque abondante et intelligemment choisie d'un père qui fut un homme supérieur, un esprit largement ouvert, un cerveau remarquablement organisé. Elle s'appuie sur cette culture.

Elle puisa, dans les livres et dans la conversation de son père, les éléments de sa philosophie. Elle s'assimila sans peine la quantité de matériaux devant lesquels son cerveau de jeune fille n'avait point reculé, mais sur lesquels, au contraire, avec une force remarquable, avec l'ardeur curieuse des imaginations vierges, il s'était jeté.

On aurait pu craindre que le côté primesautier de sa nature en souffrît par la suite. Il n'en fut rien.

Ce bagage ne l'alourdit pas, précisément en raison de sa manière, non pas de travailler, mais d'être. Et puis, pour elle, une chose domine tout ; un maître s'impose aveuglément à son esprit ; ce maître, c'est le seul auquel les vrais artistes sacrifient, c'est celui qui détermine les véritables renaissances après certaines périodes d'affaissement dans la vie artistique des peuples : c'est la Nature. Marguerite Burnat-Provins écoute la Nature, elle se laisse imprégner par tous les souffles, par toutes les voix, par tous les parfums du Grand Pan. Et puis, elle chante !

Telle est la grande raison de la vérité de son œuvre.

Ses cinq premiers volumes sont consacrés à la Suisse, au petit village où elle s'était retirée. « Elle prit le costume des paysannes pour lesquelles elle n'était plus une étrangère. Elle vivait comme elles, occupée à des travaux de broderies, ne se nourrissant que de lait, de fruits et de légumes. Mme Burnat-Provins ne voulait pas seulement connaître ce pays : elle voulait également l'éprouver, le *sentir* avec l'esprit et les sens de quelqu'un qui y serait né. Voilà pourquoi elle adopta la vie des paysans qui l'entouraient. »

Ses personnages ne sont pas seulement les villageois : ce sont aussi les cloches, la grande croix de bois, le mulet échappé qui se roule, le cabri dans l'étable, le chemin, le vent, et les parchemins de la Société au fond d'un coffre de fer dans le grenier du Conseiller, et jusqu'au paroissien tout chaud dans les mains de la petite fille courant à l'église : « Comme elle va, comme elle va ! Elle n'aura plus de souffle pour dire ses péchés ! »

Tout cela forme un petit monde que nous voyons vivre, c'est-à-dire, peiner, aimer et mourir. Elle l'observe avec émotion. Elle note les idées de ces simples qui tournent toujours autour de deux ou trois sentiments simples : l'amour avec ses variantes, doux, emporté, cruel. « Faut-il pas toujours souffrir et pleurer, pour aimer ? — Le cloutier m'aurait planté son fer rouge dans les yeux, j'aurais moins souffert que lorsque cette idée m'est entrée que tu avais

un amoureux ! » Et le jaloux ajoute en manière
d'avertissement : « Mon bâton d'arolle est plus
dur que l'acier ! »

Après l'amour, la résignation et la mort :
« Que faire? Que faire? Patienter. » — « A quoi
bon ? » est un refrain. Les « pourquoi » se po-
sent devant la vie sans recevoir de réponse. Et
ils concluent : « Il n'y a que la mort de juste.
Elle prend le riche et le pauvre, et jamais elle
ne choisit. »

C'est le thème éternel, le thème favori des
couplets de nos vieux trouvères du moyen âge.
A côté de cela, les scènes pittoresques de la vie
quotidienne présentent une vérité, une anima-
tion intense. L'achat d'un pré discuté entre deux
paysans est de l'excellent comique : le vendeur
vend son pré un bon prix, en touche le mon-
tant, s'en considère comme toujours le maître.
et crie sur les toits qu'il est volé. C'est humain.

Voici quelques exemples qui donneront une
idée de la variété, de la richesse, de la concision
des images : « Le soleil monte pompeusement
dans un ciel de fête ; les cerisiers portent leurs
bouquets comme en cérémonie. » C'est le pré-
lude de la Fête-Dieu. Et encore : « Debout,
parmi les frissons verts des prés, les colchiques
plantent leurs fuseaux d'ivoire et la délicatesse
raffinée de leurs oves ; une heure marquée voit
surgir leur soulèvement mauve, quand il est

écrit là-haut : fini l'été. » — « Les hiboux aux ailes d'écume dont le vol n'émeut pas la placidité du silence, branchent le soir sous les noyers. Deux par deux, ils vont à la forêt en disant : hou, hou ! C'est tout ce qu'il savent. » — « Saturée de l'odeur piquante du fromage et du vin, la cave solliciteuse ouvre sa porte mal jointe qui guette le passant au ras du chemin. »

Comment Mme Burnat-Provins fut-elle amenée à quitter ce pays ? Voici : « Pour ne pas trahir la vérité locale de son récit, elle a conservé le nom des paysans qu'elle mettait en scène. Ils l'apprirent, et ne le lui pardonnèrent pas. Les noms sont imprimés en rouge dans le livre. On voulut y voir une écriture diabolique. Le conseil municipal fut réuni ; il lui signifia d'avoir à partir. Elle sourit. Mais des amis sûrs l'avertirent qu'elle ferait mieux d'obtempérer à cet ordre : elle avait tout à redouter si elle s'y refusait. Elle s'en alla, et dit adieu à ce beau petit village où elle avait vécu un peu plus de huit ans. » Je ne sais s'il y eut là tant de diablerie que cela. Un conte de Balzac, le *Succube*, nous a appris ce qu'il fallait penser de ce genre d'accusation et tout ce qu'elle peut dissimuler. Mais Marguerite Burnat-Provins voyait clair autour d'elle. Et quel que soit le pays, quel que soit le temps, quel que soit le gouvernement, les gouvernants n'aiment pas les gens qui voient clair dans leurs affaires. Il paraît qu'ils ont des raisons pour cela. Une phrase, transcrite en dédicace sur un exemplaire de *Sous les Noyers*, montre à quel point elle s'attacha à ce village : « J'ai aimé ce pays de l'amour le plus passionné, et je le pleure comme on pleure un mort, car je n'y retournerai jamais. »

Le *Livre pour toi*, le *Cantique d'été*, la *Fenêtre ouverte sur la vallée*, la *Servante* et les *Poèmes de la boule de verre*, sont conçus dans une autre note. Ici, l'auteur chante exclusivement l'amour. A l'apparition du *Livre pour toi*, des gens parlèrent du Cantique des cantiques, d'autres évoquèrent la Sulamite, et sainte Thérèse, et la Religieuse portugaise. Ceci seul suffirait à dénoter le caractère du livre : à coup sûr un des plus beaux cris d'amour qui ait jamais jailli d'une poitrine humaine.

Emile Faguet écrivait un français déplorable, mais il avait cette grande qualité pour un critique, d'être très intelligent, d'être inlassablement curieux, d'être de bonne foi et d'être bienveillant. Il déclara : « Le *Livre pour toi* est un cantique des cantiques, plein de talent et qui, quelquefois, touche au génie. » Et plus loin : « On voit que Mme Burnat-Provins est un poète, et on voit quel souple poète, habile à se donner les différentes formes et le tour divin du génie poétique. A chaque instant on dirait que ses couplets sont des demi-traductions d'auteurs, soit orientaux, soit italiens — septentrionaux jamais — le tout repensé et senti à nouveau par une âme ardente qui a jeté sa flamme à travers tout cela. »

Ici Faguet se trompait ; il n'y a rien là d'exotique ; il y a, au contraire, quelque chose de très français quant aux qualités de fond et de forme, mais la pensée se présente d'une manière inhabituelle et neuve, et c'est ce qui peut illusionner. L'âme est aussi parfaitement française que la langue. Et le bon critique terminait son étude par cette cabriole, qui n'est ni italienne, ni orientale, ni même française, mais qui est du Faguet tout pur : « Je salue, en prose, dans la personne de Mme Marguerite Burnat-Provins, un poète en prose, qui écrit de la prose qui est en vers, à l'étonnement des professeurs de M. Jourdain, et qui écrira, quand elle voudra, des vers qui ne seront pas prosaïques. » Faguet ne fut pas le seul à accueillir le livre avec enthousiasme ; Camille Lemonnier, et aussi M. Henri Bataille, comptèrent au nombre de ceux qui le portèrent aux nues.

En Suisse, Marguerite Burnat-Provins était loin d'avoir une aussi bonne presse. Le journal le *Peuple Suisse* proclama avec terreur : « Le flot pornographique devient toujours plus menaçant. » Le pasteur Porret, un nom qui mérite de passer à la postérité, après avoir dans une publication déclaré qu'Anatole France était un malfaiteur de la plume, Maupassant et Zola de purs pornographes, terminait en disant : « La nouvelle édition du *Livre pour toi*, à 3 fr. 5o, met cependant des obscénités à la portée de tous ». Une femme, Mme Legrand-Chabrier, mit les choses au point en écrivant : « Il est inutile que les moralistes prêcheurs ouvrent ce livre ; ils n'y trouveront d'obscène et de grivois que ce qu'ils y mettront d'eux-mêmes. » On ne saurait mieux dire.

C'est que, pour la première fois peut-être dans la littérature féminine, une femme s'arrêtait à admirer la beauté plastique de l'homme. Un proverbe dit que les homme sont pris par les yeux, les femmes par les oreilles. Pourquoi n'en était-il pas de même ici ? La raison en est toute naturelle et simple : c'est parce que Marguerite Burnat-Provins est peintre. La logique de sa nature le voulait donc ainsi. C'est un peintre qui écrit : « Ni le pinceau le plus habile à fixer nos images mortelles, ni le génial ciseau qui fait jaillir la vie du Paros indifférent, ne vaudront jamais, pour moi, la minute de surhumaine beauté où, comme un jeune dieu, contre mon épaule tu sommeillais. » Et voyez ce déferlement d'images : « Sur toi je jette mon désir comme le pêcheur, dans la rivière, jette le circulaire épervier. — J'ai posé le vol de mes rêves sur ton épaule blanche. — Quand notre folie ne sera plus qu'une hirondelle morte, qui la ressuscitera ? » Elle voit dans les veines « les fils bleus qui sont les mailles de la vie ».

Par ailleurs, quelles exquises paroles de tendresse et d'abandon ! « Il est resté dans ma chambre une odeur fine et flaneuse qui me suit. C'est l'âme attendrie de nos caresses, voltigeante le long des murs, comme ce papillon de nuit, fait de nacre et d'argent, qui tourne, et meurt au pied du chandelier ». Et ces quatre vers : « Écouter et ne rien entendre, frissonner et n'avoir pas froid, s'alarmer sans sujet de crainte, t'attendre quand tu ne viens pas. »

Quel charme encore en ces images... toujours les images : « Les mots que tu m'as dits sont des oiseaux jaseurs qui tournent autour de ma tête. Quelquefois, l'un d'eux, le plus tendre, revient vers ma bouche où tes lèvres l'avaient posé ; je le sens doux comme la plume, troublant comme un baiser, et lentement, il descend au fond de mon cœur pour s'y nicher ». Enfin ce tableau en deux mots : « Ris, parce que je t'aime, et qu'il est midi ».

Quand je dis de Marguerite Burnat-Provins qu'elle est peintre, à propos de ses proses et de ses poèmes, ce n'est pas une simple figure de rhétorique : c'est encore une réalité.

Elle peint, elle dessine, elle est douée d'un sens prodigieux de la décoration. On ignore généralement que, pendant deux ans, en Suisse, où elle fut longtemps à la tête du mouvement artistique, elle alimenta un magazine à elle seule ; qu'elle a un atelier plein de dessins, de tableaux, que vendaient les marchands de Zurich ; qu'à Anvers, à Arras, à Vevey, elle exposa avec succès des modèles de dentelles, de meubles, de bibelots, et des affiches. La Société protectrice des paysages suisses, qu'elle a fondée, est aujourd'hui reconnue d'utilité publique et compte plus de 10,000 membres.

Elle réussit dans ce qu'on appelle le domaine des réalisations pratiques, autant que dans le domaine de l'idéal. Et cette faculté s'étend à sa vie de tous les jours, où la crise des domestiques, des couturières et des modistes ne l'atteindra jamais : elle a pris l'habitude de s'en passer.

Le jour où elle se mêle d'appliquer à une de ses proses ce don de la décoration et son sens bibliophilique, elle produit l'un des plus beaux livres fabriqués de ce temps, et l'un des plus originaux. Elle l'exécuta à la suite d'une gageure : c'est assez dire qu'elle n'hésita pas à jouer la difficulté. Il s'agit des *Tableaux valaisans*.

Le volume se présente sous l'aspect d'un album relié en une toile verte d'apparence rustique ; le titre se détache vigoureusement en grosses capitales noires qu'encadre une branche de feuilles et de fruits rouges d'un dessin très simple. Et ce qui frappe dès l'abord, c'est la parfaite *unité* de ce livre. Un même auteur en a écrit le texte et conçu l'illustration. Elle puisa dans le coin du Valais où elle s'était retirée les idées de ce texte, et dans les objets et les gens qui l'entouraient le modèle de ses illustrations. Ainsi la source d'inspiration est unique pour une réalisation double. Puis, ce fut sous sa direction et sa surveillance constante et rigoureuse que le livre fut fabriqué d'un bout à l'autre. Les encres furent spécialement commandées, le papier confectionné, et cent kilos de couleurs broyés exprès. On se servit de caractères neufs. Les signets furent teints de nuances désignées par l'auteur. Elle alla jusqu'à emprunter à un vieux ruban de chapeau du pays le motif du dessin qui orne les feuilles de garde.

Les difficultés d'exécution furent d'autant plus considérables que MM. Sauberlin et Pfeiffer, les imprimeurs de Vevey chargés du travail, étaient plus accoutumés à tirer des prospectus que des ouvrages de ce genre. Ils s'y consacrèrent en véritables artistes, et bien qu'ayant besoin de leur métier pour vivre et faire vivre les leurs, refusèrent de réaliser aucun bénéfice.

Ils eurent, en fin de compte, raison de travailler pour la gloire, puisqu'elle leur vint, et que le *Printing World*, l'organe des imprimeurs de Londres, consacra aux *Tableaux valaisans* un article qui porta comme titre : « Le Triomphe de la typographie suisse ».

En me livrant à mon inoffensive manie de fouiller dans les vieux papiers, j'en ai découvert un qui jette un jour très curieux et très précis sur la minutie avec laquelle Marguerite Burnat-Provins procédait, et sur les difficultés qu'elle eut à vaincre. C'est un fragment de lettre qu'elle écrivait, en cours de fabrication, à M. Sauberlin :

« Maintenant je m'aperçois que le « vieux » a été tiré ton sur ton, contrairement à ce que je pensais et qui devait être fait. Le ton de chair déborde du chapeau, de la cravate, de l'épaule ; je suis *on ne peut plus mécontente* de cette reproduction, qui a un aspect d'imagerie d'Épinal, et me désole tout à fait. Veuillez, je vous prie, revoir les bois; on ne tirera plus rien avant qu'ils soient corrigés, je m'y oppose absolument. Quoi qu'en ait dit M. Pfeiffer, les encres sont ternes et tristes. Les trois feuilles du cul-de-lampe « Colchiques » sont jaune doré dans mon dessin : elles sont devenues quelque chose d'incolore qui ne rend pas l'original, c'est incontestable, et je regrette que la personne qui compose les tons ne soit pas plus coloriste. Le violet de l'initiale des « Vieux » a tourné au bleu; il était pourpre dans mon dessin, j'en suis sûre. Ce livre que j'envisageais comme une chose chaude et colorée deviendra sourd et effacé, et prend dès le début un aspect triste. Moi seule je puis juger de la couleur; il faut une grande habitude de l'œil pour saisir les nuances, et avec cette encre bouchée, il faut faire attention. D'un autre côté un ton riche n'est pas un ton violent, c'est encore une distinction à faire. M. Pfeiffer m'avait tellement assuré que la copie serait parfaite que je l'ai cru; elle ne l'est pas, et cela me contrarierait beaucoup de songer qu'on va continuer à tirer dans les mêmes conditions. Aussi ne suis-je pas décidée à laisser les choses ainsi. J'aime mieux ne rien publier qu'une chose qui me déplaise. Vous le comprendrez, dans ce sens que si c'est une autre personne qui interprète ma couleur à sa fantaisie, je ne me retrouve plus dans un ouvrage que j'ai pourtant fait ».

Rien n'expose mieux la profonde conscience de l'artiste. Cette surveillance fut incessante, ces observations impitoyables, pendant les 2,000 heures que dura la gravure, les 5oo heures que dura la composition, les 3,4oo heures que dura l'impression. Chaque initiale a exigé 3 et 4 bois gravés; parmi les hors texte, la chèvre en requit 5, la Ruine 7, les Vieux 9, et l'Enfant 13. Au total, 400 bois pour 113 illustrations. Il n'y a pas 2 tons semblables, et les figures en offrent 252. Pour que les exemplaires livrés fussent strictement irréprochables, sur les 600 que l'on tira, 50 furent rejetés à l'épuration. Je ne sais s'il existe beaucoup de livres établis dans de pareilles conditions.

Quant au dessin, il est simple, souple et ferme ; le coloris a une chaleur et un velouté qui donnent aux hors texte autant de vigueur que de douceur. Le sentiment est intensément poétique dans la Ruine et la Maison, l'observation fine et souriante dans l'Enfant et dans Marion, âpre et rude dans les Vieux et le Crétin. Mais où l'imagination s'est exaltée, où la fantaisie s'est le plus librement éployée, où l'ingéniosité s'est montrée le plus surprenante, c'est dans les lettrines et les culs-de-lampe. Pas un qui ne soit amusant par le choix du motif, par sa spirituelle stylisation. Une plume de geai tombée sur le papier, un plat de pommes de terre sortant du four, trois petits bonnets d'enfant qui semblent trois petits personnages naïfs et coquets avec leurs brides pendantes, trois oignons comiques... à faire pleurer ! et ce sont autant de culs-de-lampe d'un effet charmant. C'est encore la beauté révélée des fleurs sauvages, des insectes les plus inattendus. Là, Marguerite Burnat-Provins s'est montrée réellement précurseur. Elle a rénové pour le livre l'art de la gravure sur bois.

Elle achève en ce moment une illustration du *Livre pour toi*. On y retrouve son extraordinaire richesse de coloris, sa débordante fantaisie imaginative, sa poésie.

Il est une autre œuvre picturale qu'elle accomplit, au hasard de l'inspiration. C'est sa *Ville*. Elle en a portraicturé à l'heure actuelle plus de deux cents habitants. Ces portraits sont des synthèses et de véritables visions. Elles lui apparaissent en quelque sorte en séries, et elle se hâte de les fixer d'un crayon rapide, qui nous révèle un monde quelque peu mystérieux, quelque peu angoissant, mais où de rudes vérités transparaissent sous les phantasmes d'apparence irréelle. Ces personnages ont des noms, qui correspondent à leurs types. C'est Magoster, le savant ; Cœur-de-Pluie, la triste ; Rasc, l'assassin ; Bromia, la fourbe ; Ornumiège, la petite fille ; Pomelu, le centenaire ; Autirons, le gardien des clefs ; Muche, la cachottière, etc. Il y a même un de ces personnages que l'on ne verra jamais : c'est la Princesse ; mais nous connaissons sa mère, qui répond au doux nom de Lanturpin. Cela ne se dit pas, ne s'écrit pas : il faut voir cette population étrange qui éveille la curiosité, qui amuse, et qui parfois fait un peu peur.

Aujourd'hui, Marguerite Burnat-Provins, est

en plein épanouissement, en pleine maturité, en pleine force de son talent. Elle connaît le succès, toujours trop lent à venir lorsqu'on ne le force pas par des moyens que les artistes sincères répugnent à employer. Pendant les années de guerre que j'ai passées en Flandre belge, j'ai vu arriver le *Livre pour toi.* Un jour, le libraire du pays me demanda « si je connaissais ça ». On venait de lui en commander 40 exemplaires d'un coup, et il s'étonnait de ne pas être familier avec le nom de l'auteur. Il me déclara d'ailleurs un jour, à propos du Théophile de la *Maison de Sylvie,* n'en avoir jamais entendu parler, et me demanda dans quel journal ce Théophile écrivait. Je répondis qu'il était mort. Ce libraire était un ancien courtier en dentelles qui, depuis, avait vendu des bibelots bain-de-mer, et du tabac. Ceci montre comment les intérêts des écrivains sont défendus.

Au cours des deux dernières années écoulées, Marguerite Burnat-Provins a beaucoup travaillé, beaucoup produit. Elle a visité la Bretagne, elle a visité l'Afrique du Nord. L'ingéniosité, le caractère avant tout simple et naturel de son talent, amènent aujourd'hui dans son évolution une courbe inéluctable. La Nature, ai-je dit, est son grand maître ; c'est pourquoi ses thèmes favoris sont l'amour et la mort, les deux pôles autour desquels gravite le monde, en suivant le cycle éternel des saisons.

Elle glisse peu à peu du premier au second. Elle se dégage du sensualisme du début, et s'oriente vers le mysticisme, vers une certaine métaphysique. Et cette lente évolution complète admirablement son œuvre, si parfaitement « une » aux yeux de qui prend la peine de la scruter attentivement.

Elle est allée en Bretagne, ai-je dit. Elle a voulu recevoir de cette province si fortement caractérisée une impression vierge. Et elle la reçut tellement vive, tellement profonde, que les poèmes où elle l'a traduite sont d'une originalité prenante ; elle a vu une Bretagne neuve, la Bretagne éternelle, non pas celle des guides et des cartes postales. Et il est caractéristique qu'elle, la libre penseuse, commence ce livre breton par une prière en guise de préface. Les *Heures d'hiver*, déjà parues en partie dans la *Revue de Paris*, les *Heures de printemps*, les *Poèmes troubles*, *Vous* récemment publié, le *Mortel printemps*, la *Feuille morte*, sont imprégnés de tristesse, parfois déchirés de douleur, et la pensée s'y élève aux plus nobles régions du sentiment et de l'intellect.

« J'en peux mourir, donc je vis », dit-elle. « Mort fascinante, si tu passes, regarde-moi. Je suis sans peur, mon âme est prête, tombe en silence, et ne me manque pas. » « Gronde, mon âme, va-t-en comme la mer, que fais-tu donc en moi, et pourquoi des limites à ce qui veut un monde et saurait le remplir? » « Cela paraît simple, un baiser. C'est la clef de voûte du monde. » « Voilà, je te rends tes mains d'hommes, faites pour le mal et pour le bien. Va chercher le bonheur, il n'attend personne. Mais pour la douleur, je suis bien tranquille, au premier tournant de la route, tu la rencontreras. » On voit combien la pensée s'élève, combien le ton est changé, s'est fait plus grave, plus douloureux.

Mais les images — toujours — de beauté et de poésie ne manquent pas. « La cloche de minuit s'éveille, et pleure ses douze larmes. » Pour en revenir au peintre, lisez ce tableau, ou plus exactement, voyez-le. « Souvent, pendant la mauvaise saison, s'en venait frapper à la porte la pauvresse d'Estrées qui avait fait des lieues depuis le matin. Une conjonctivite invétérée cerclait ses yeux de vermillon, comme ceux des vieilles de Goya. Sa jupe, criblée par la misère, lacérée par des mâchoires féroces, figurait l'étendard souillé qui revient de la bataille, et l'on voyait la fantastique maigreur de ses jambes plantées dans des souliers d'homme où ses pieds dansaient. L'hiver entrait en elle par les cent portes de ses lamentables vêtements ;

elle grelottait ; ses mains ardoisées me faisaient penser aux pattes de poule, et sa vue me plongeait dans une oppression qui durait jusqu'au soir. Dans la cuisine, il y avait pour elle du café chaud et des tartines ; on lui donnait des bas, du linge, des choses qu'elle plaçait dans un panier démoli ; mais au bout de peu de temps, elle revenait aussi *déloquetée* par ce que cela devait être, et que sa navrante destinée était écrite avec les larmes et le sang tombés de ses paupières tuméfiées. Cette femme personnifiait la rafale, les nuits méchantes, toutes les duretés de décembre qui gémit chez nous par la plaine et le long des canaux. » C'est un Goya, c'est un Callot, avec autant de réalisme, et plus de poésie. Marguerite Burnat-Provins nous réserve encore de belles œuvres, sans compter une satire assez inattendue qui, je l'espère, verra bientôt le jour.

Et puis, la guerre est venue. Elle en a été profondément touchée. Elle avait au feu des êtres chers. Elle avait, là-bas, à Cantin, dans la maison familiale, sa mère et sa sœur au pouvoir des bandits. Dès que ce fut chose possible, un de ses frères courut à Cantin chercher des nouvelles : Mme et Mlle Marie-Thérèse Provins étaient vivantes, bien qu'ayant âprement souffert ; elles avaient bravé la souffrance autant qu'elles avaient bravé l'ennemi. Mais elles n'avaient pu empêcher un désastre. Tout ce que Marguerite Burnat-Provins avait concentré là dans le domaine paternel, tous les souvenirs, toutes les œuvres d'art, avaient disparu, détruits ou pillés. Disparus les manuscrits de la plupart de ses œuvres, disparus les exemplaires de luxe de *Sous les noyers*, du *Chant du verdier*, des *Chansons rustiques*, etc., disparus, un hollande des *Tableaux valaisans* coté plus de 2,000 francs, deux japons, — les deux seuls, — du *Livre pour toi* ; disparus les 400 bois gravés des *Tableaux valaisans*, et les 113 aquarelles originales, et toutes les épreuves avant la lettre des illustrations. Disparus aussi deux portraits signés de Benjamin Constant, et des manuscrits inédits, proses et poèmes.

L'une des pertes qui lui fut le plus sensible fut celle des manuscrits qui lui venaient de son père, cet érudit misanthrope, ce penseur profond, cet ironiste mordant, qui avait laissé des « Promenades philosophiques » d'un intérêt puissant. J'ai dit en passant quel rôle cet homme supérieur avait joué dans la formation intellectuelle de sa fille. On conçoit les sentiments qu'elle éprouva en apprenant que tous les souvenirs qu'elle tenait de lui étaient perdus pour elle à jamais.

Dans ces conditions, nul ne s'étonnera qu'atteinte au vif de sa sensibilité, blessée dans les replis les plus intimes de son cœur, elle ait poussé un cri de douleur, et que cette douleur lui ait inspiré quelques-unes des plus belles pages que j'ai lues jusqu'à présent sur la guerre, des plus vraies, des plus humaines, des plus fortement émouvantes.

L'œuvre déjà considérable de l'écrivain va s'augmenter avant longtemps de la publication de manuscrits qui subissent une dernière mise au point. J'en ai indiqué les tendances nouvelles. A l'œuvre picturale, tandis que la *Ville* continue à se peupler, s'ajoutera un important travail destiné à la manufacture nationale des Gobelins. De cet ensemble, qui mérite une étude plus approfondie, j'ai tenté l'esquisse que l'on vient de lire. Si insuffisante soit-elle, je me suis efforcé d'en faire ressortir les aspects les plus caractéristiques, les traits les plus typiques de ce beau et généreux talent, traversé de lueurs de génie, fulgurant de surprenantes intuitions, si personnel, si français, si près de nous par ce qu'il a de « contemporain », et si durable par les éléments d'éternité dont la nature l'a pétri.

Henri MALO.

Je n'aurai été sur Terre
qu'une forme de l'inquiétude

bernat - provins

OPINIONS

Pierre QUILLARD. — *Le Mercure de France,* 16 avril 1908.

Des Flandres natales au pays valaisan, où elle vit et de quelque vaste fenêtre ouverte sur les hautes vallées, elle regarde d'un œil attentif la lente procession des saisons et des heures, Mme Marguerite Burnat-Provins apportait une âme curieuse et un cœur passionné. Elle entendit d'abord les chansons du cloutier et du sabotier ses voisins ; perpétuellement émerveillée, elle vit autour d'elle vivre de leur vie diverse les insectes, les fleurs, la montagne, les hommes aussi ; elle essaya d'en retenir les images dans le cadre strict de petits tableaux rustiques, d'une prose rythmée, où, parmi les mots de la langue courante, une cinquantaine de mots patois hésitent entre les parlers du Nord et les parlers du Midi ; sommaires tantôt et tantôt minutieuses, les descriptions des êtres et des choses familières étaient accompagnées d'aquarelles et de vignettes de l'auteur gravées sur bois et reproduites en couleurs. Les *Petits tableaux valaisans* et les *Heures d'automne* ne devaient pas tout leur charme au talent de l'écrivain ; le goût parfait avec lequel il furent conçus, l'ordonnance et l'ornementation faisaient de ces albums sans pareils des œuvres à part : il semblait qu'en deux textes parallèles la même pensée se développât sous deux formes qui s'interprétaient l'une l'autre.

Rien cependant n'annonçait le *Livre pour toi* : c'est une longue cantilène d'amour, l'une des plus ferventes qu'aient jamais égrenées des lèvres humaines ; mystique et farouche, confiante et inquiète, sensuelle et chaste, dans le sommeil et dans la veille, ivre de la possession présente, anxieuse et tourmentée par l'absence, une passion frénétique qui confine au délire sacré s'exprime en des versets d'un lyrisme continu qui glorifient l'unique amant ; l'admiration de la force et de la beauté virile est proclamée sans aucune réticence, et dans la pleine lumière sont proférées les paroles que la pudeur hypocrite réserve d'abord au secret des chambres bien closes ; au demi-dieu, au héros, l'offrande est faite de toute la chair ; qu'il la prenne d'un cœur joyeux... Dans ces cent poëmes, le même motif est repris avec une telle richesse et une telle variété d'expressions qu'il se répète sans monotonie. Comme ceux de l'antique Sapho, les chants de Mme Burnat-Provins sont vraiment mêlés de feu, et la flamme qu'elle porte dans le cœur jaillit en elle, eût dit en son *Traité d'amour*, Plutarque, qui n'était pas toujours un mauvais critique.

Comte Robert de MONTESQUIOU. — *Gil Blas*, 2 décembre 1908.

... Je viens de lire votre fougueuse Églogue, votre ardente Idylle, votre Bucolique, à la fois furieuse et sereine. Cette lecture me laisse le plaisir de croire avoir retrouvé la traduction inconnue d'un fragment de Virgile, inédit : mais d'un Virgile qui se serait grisé en buvant un hydromel fait avec le miel d'Aristée. En outre, chose curieuse, ce traducteur pourrait bien avoir lu les *Paroles d'un Croyant* dont la poésie fervente et contenue semble s'être posée sur votre ouvrage, mais cette fois appliquée à l'amour charnel. Que vous l'ayez, ou non, voulu (car en art tout n'est pas conscient) votre Silvius — et c'est sa grâce — nous apparaît comme un Cupidon sylvestre, beau de se taire, et de sortir des bois, pour accomplir sa fonction d'amour, puis, de rentrer dans son fourré et dans son silence, où plus de curiosité le reprendrait inexorablement à sa Psyché, pareillement sylvaine.

Quant à elle, je ne suis pas sans lui trouver quelque chose d'un Chénier féminin, ensemble savant et rustique, et dont la flûte se souvient d'avoir chanté les Oaristys. ... Je me suis mis à relire le livre, et j'en reviens à mon premier sentiment : c'est une œuvre impressionnante, digne d'attention, et vraiment pleine de grâce antique. Imaginez deux cents instantanés amoureux (dirai-je érotiques), en tout cas lascifs, inspirés à cette Sapho du Valais par un Phaon moins rebelle. Autant de variations sentimentales et sensuelles, sur la sculpturale beauté de ce grand jeune homme mystérieux, qui tient encore d'Endimyon, de Daphnis et d'Acis...

Émile FAGUET. — *Journal des Débats*, 5 mai 1910.

Comme tout le monde dira que c'est un *Cantique*

des Cantiques, je dis que c'est un *Cantique des Cantiques*. Il ne faut dire autrement que les autres que quand les autres ont tort. Les occasions s'en présentent assez souvent d'elles-mêmes pour qu'on ne les recherche point. Donc, le *Livre pour toi* est un *Cantique des Cantiques...* plein de talent et qui quelquefois touche au génie. Ce sont les transports d'une âme amoureuse, puis les désespoirs d'une âme amoureuse que *dévaste* l'absence de l'objet aimé. C'est toute l'élégie, puisque, d'après Horace, l'élégie est la plainte et aussi la joie de l'espérance satisfaite. C'est toute l'élégie et que l'on sent profondément sincère et dont la forme seule est méditée et préméditée.

Mme Marguerite Burnat-Provins est très précisément pour le fond une Desbordes-Valmore, pour la forme — car Desbordes-Valmore était terriblement négligente ou négligée à cet égard — pour la forme une manière de *Lilia*, moins la forme que Lilia, à travers tout son verbiage, a quelquefois et même d'une manière extraordinaire. Aussi mettrai-je le *Livre pour toi* à côté des *Lettres de la religieuse portugaise* plutôt qu'auprès de quoi que ce soit, si les souvenirs et les « songeries » de la religieuse portugaise ne m'empêchaient pas de trop insister sur ce rapprochement. Somme toute, le *Livre pour toi* est singulièrement original et peut être comparé à beaucoup de choses excellentes, mais ne saurait être confondu avec rien...

R*achilde*. — *Mercure de France*, 16 novembre 1909.

Le Cœur sauvage est un cœur sincère, il est empli de l'amour de la vie, de l'amour de l'amour, qui en est une des plus pures formes. Il bat noblement, géné-

reusement, sans s'inquiéter trop de la douleur inhé-
rente à toutes les palpitations. Il est un bel exemple
d'individualisme féminin et il m'intéresse au plus haut
degré parce qu'il ne porte, ne montre qu'une bles-
sure. Les cœurs percés d'un tas de flèches me semblent répugnants ; ce sont des cibles et non de divins
vases d'élection encore tout pleins à déborder de leur
mystère. Il faut aimer celles qui savent souffrir, sans
chercher les consolations dans d'autres souffrances :
le seul crime étant de se blaser, de ne plus savoir
vivre « en ayant soif ».

ICONOGRAPHIE

Benjamin Constant. — *Les Diamants noirs*, buste vu de face, à l'huile. Appartenant à M. D., banquier à New-York.

Loraïda, buste vu de face, accoudé, avec les mains. Grisaille à l'huile.

La Vierge de Bethléem, profil drapé du haïk. Grisaille à l'huile. Reprod. sur la couv. de *Paris-Noël*.

Figure poussant la barque, plafond de la salle des Fêtes de l'Hôtel de ville de Paris.

Etudes pour Salomé, fig. décoratives, à la Sorbonne.

Pierre Billet. — Mme Marguerite Burnat-Provins, à l'âge de 16 ans, peignant dans les dunes de Berck. Etude à l'huile.

Ernest Bieler, de Lausanne. — *Tête*, aquarelle décorative.

Figure assise, grandeur nature, à gauche du tableau intitulé *Les Sources*, au musée de Berne.

Profil, à la tempera, sur plâtre.

Médaillon de face, à la tempera, sur plâtre.

Tête, huile.

Etudes diverses.

Mme Blanche Berthout-Pernod. — Portrait au fusain.

Mlle Angèle Delasalle. — *Mme Burnat-Provins* dans son atelier à Vevey, Huile.

Mme Burnat-Provins. — *La Femme au souci*, portrait à l'huile, grandeur nature à mi-corps. Appartient à Mme de W., à Berne.

Tête au crayon noir.

Le Lys rouge, grandeur nature, huile (1).

Sanguine. — Appartient à M. F. J., à Paris.

Mathon. — *Médaillon* terre cuite, portrait de profil.

(1) Ce tableau, malgré ses dimensions, a été perdu sur le trajet de Vevey à Paris. Il représentait une femme drapée de noir, tenant à la main une branche de lys rouge, dans un paysage, prairie et bois.

BIBLIOGRAPHIE

Tableaux valaisans, Vevey, 1903, format album long, 192 p., Sauberlin et Pfeiffer, éd. Il a été tiré 12 ex. sur Hollande, 550 ex. sur Montgolfier gris. Illustrations sur bois, en couleur, par l'auteur, gravées par Louis Étienne, Hermann Benz, Victor Sabatier ; 10 pl. h. t., 50 initiales, 50 culs-de-lampe ; 3 sujets isolés, garde et couv., en 252 tons.

Heures d'automne. Vevey, 1904, format album carré, 115 p., Sauberlin et Pfeiffer, éd. Il a été tiré 12 ex. sur Hollande, 338 ex. sur papier fauve, fabriqué spécialement pour l'auteur. Illustrations sur bois, en couleurs, par l'auteur, 1 pl. h. t., 18 en-têtes, 18 culs-de-lampe, 2 motifs isolés, garde et couverture.

Chansons rustiques, Vevey, 1906, in-16, 238 p., Sauberlin et Pfeiffer, éd. Il a été tiré 12 ex. sur Hollande, 288 ex. sur papier moyen âge. Vignettes en noir par l'auteur, 130 en-têtes, 130 culs-de-lampe, 3 motifs isolés, couv.

Le Chant du verdier, Vevey, 1906, in-16, 112 p., Sauberlin et Pfeiffer, éd. Il a été tiré 12 ex. sur Hollande, 158 sur papier moyen âge, 15 vignettes en noir par l'auteur, 2 motifs isolés, couv. Texte en deux tirages, noir et rouge.

Le Cœur sauvage, roman, Paris, 1909, in-18 jésus, 323 p., Sansot, éd. Il a été tiré 8 ex. sur Hollande.

Le Livre pour toi, Paris, 1908, format album carré, 211 p., Sansot, éd. Couv. décorée par l'auteur. Il a été tiré 2 ex. sur Japon, 12 sur Hollande, 236 sur papier moyen âge. 2ᵉ éd., Paris, 1909, in-8 raisin, 183 p., Sansot, éd. Préface de *Henri Bataille*. Il a été tiré 450 ex. sur papier Featherweight.

Sous les noyers, Vevey, 1908, in-16, 145 p., Sauberlin et Pfeiffer, éd. Il a été tiré 12 ex. sur Hollande, 158 ex. sur papier Featherweight. Vignette en noir par l'auteur, couv. en couleurs.

Cantiques d'été, Paris, 1910, in-8, 185 p., Sansot, éd. Préface de *Camille Lemonnier*. Il a été tiré 12 ex. sur Hollande, 6 ex. sur Japon impérial, 500 ex. sur papier Featherweight. Filets verts, couv. en 3 couleurs. 1ᵉʳ vol. de la coll. des Princeps.

La Fenêtre ouverte sur la vallée, Paris, 1911, in-16, 292 p., Ollendorff, éd. Il a été tiré 10 ex. sur Hollande.

La Servante, Paris, 1913, in-8, 168 p., Ollendorff, éd. Il a été tiré 45 ex. sur Hollande. Vignettes en noir, 6 en-têtes, 6 culs-de-lampes, 1 h. t., couv. en 3 couleurs

Poèmes de la boule de verre, Paris, 1917, petit in-32 jésus, 169 p., Sansot, éd. Il a été tiré 25 ex. sur vieux Japon, 10 ex. sur Chine, 50 sur papier d'Arches, 115 sur alfa, 300 sur papier vergé.

Nouveaux poèmes de la boule de verre, Paris, 1918, petit in-32 jésus, 185 p., Sansot, éd. Il a été tiré 25 ex. sur vieux Japon, 10 ex. sur Chine, 50 ex. sur papier d'Arches, 100 ex. sur alfa.

Vous, Paris, 1919, in-18 raisin, 141 p., Sansot, éd. Il a été tiré 25 ex. sur Japon, 75 ex. sur papier d'Arches.

Heures d'hiver, Paris, 1920, in-8 pot, Émile-Paul, éd. Il a été tiré 30 ex. sur Chine et 90 ex. sur vélin d'Arches.

Poèmes troubles, Paris, 1920, in-32 jésus, 160 p., Sansot, éd. Il a été tiré 30 ex. sur Hollande teinté de Van Gelder Zouan et 50 ex. sur vergé à la forme des papeteries d'Arches.

ORLÉANS. — IMP. ORLÉANAISE, RUE ROYALE, 68.

Les Célébrités d'Aujourd'hui

Collection artistique de Biographies contemporaines.

Chaque biographie luxueusement imprimée forme une élégante plaquette in-18 ornée d'un *portrait-frontispice* et d'un *autographe* complétés par une suite d'*opinions*. Prix : **1 fr. 60.**

Maurice Donnay, par R. LE BRUN.

Jules Lemaître, par E. SANSOT-ORLAND.

Camille Lemonnier, par Léon BAZALGETTE.

Henri de Regnier, par Paul LEAUTAUD.

Alfred Capus, par Edouard QUET.

Willy, par Henri ALBERT.

Peladan, par René-Georges AUBRUN.

Pierre Louys, par Ernest GAUBERT.

Maurice Maeterlinck, par Ad. van BEVER.

Marcel Prevost, par J. BERTAUT.

F. Brunetière, par L.-R. RICHARD.

F. de Curel, par R. LE BRUN.

Jean Lorrain, par E. GAUBERT.

Jean Moréas, par Jean de GOURMONT.

Paul et Victor Margueritte, par Ed. PILON.

Henry Houssaye, par L. SONOLET.

Camille Mauclair, par Jean AUBRY.

Edouard Rod, par Firmin ROZ.

François Coppée, par E. GAUBERT.

Jules Claretie, par G. GRAPPE.

Georges Clémenceau, par M. LE BLOND.

Léo Claretie, par Pétrus DURBL.

Rachilde, par Ernest GAUBERT.

J.-H. Rosny, par J. CASALLA.

Edouard Schuré, par L. de ROMEUF.

Auguste Dorchain, par A.-E. SOREL.

Comtesse M. de Noailles, par René GILLOUIN.

Catulle Mendès, par A. BERTRAND.

Saint-Georges de Bouhelier, par M. LE BLOND.

René Doumic, par E. BEAUFILS.

Pierre Loti, par Jean MARIEL.

Marcelle Tinayre, par MARTIN-MAMY.

Henry Bataille, par DENYS AMIEL.

Paul Déroulède, par FLORENT-MATTER.

Lucien Descaves, par E. MOSELLY.

E. Brieux, par Adrien BERTRAND.

Edmond Rostand, par L. HAUGMARD.

G. de Porto Riche, par Claude R. MARX.

Paul Hervieu, par HENRY MALHERBE.

Léopold Lacour, par HARLOR.

Ch.-Henry Hirsch, par F. CARCO.

Raymond Poincaré, par MAISNE.

Général Joffre, par Alphonse SÉCHÉ.

Louis Barthou, par Jules BERTAUT.